Antje Bartl

Karin Wickler

Grammatikschule

Arbeitsheft
für den elementaren Sprachunterricht

4

DÜRR + KESSLER

Jllustrationen: Jngrid Drobny

Sie finden uns im Jnternet unter:
www.wolfverlag.de

Best.-Nr. 10530

3. Auflage 4 3 2 1 03 02 01 00
Die letzte Zahl bedeutet das Jahr dieses Druckes.
Alle Drucke dieser Auflage können im Unterricht
nebeneinander verwendet werden.

Nach den Regeln der Rechtschreibreform

Dürr+Kessler
Haidplatz 2 · 93047 Regensburg
Dürr+Kessler ist ein Verlag der Wolf GmbH & Co. KG

JSBN 3-8181-1053-0

Jnhaltsverzeichnis

Jn diesem Buch sollst du nicht nur lesen , sondern auch zeichnen, ausmalen und schreiben .

Viel Spaß!

Direkte Rede

Begleitsatz	**wörtliche Rede**
Petra sagt:	„Du hast nichts als Haarwurzeln im Kopf."
Jürgen fragt:	„Bohrst du immer so tief in der Nase?"
Olga ruft:	„Nimm deine Finger aus meinem Mund!"

wörtliche Rede	**Begleitsatz**
„Rase nicht so!",	sprach der Hase zur Schnecke.
„Wer ist schöner als ich?",	fragte die Kröte den Pfau.
„Schwätzt nur tüchtig!",	sagte der Lehrer zu seinen Schülern.

wörtliche Rede	**Begleitsatz**	**wörtliche Rede**
„Mache dich etwas kleiner!",	rief die Maus zur Giraffe,	„damit wir zusammen aufs Foto passen!"
„Sperre dein Maul auf!",	sprach die Fliege zum Nilpferd,	„damit ich dir in den Hals gucken kann."

Unterstreiche, was die Sprecher sagen!

Die direkte (wörtliche) Rede kennzeichnet das, was Menschen und Tiere sagen. Das Gesagte kann an verschiedenen Stellen stehen: entweder **vor** dem Begleitsatz, **hinter** oder vor **und** hinter ihm.

Aus dem Märchen „Hans im Glück“

Wie er so dahinging, kam ihm ein Reiter entgegen, der frisch und fröhlich auf einem munteren Pferd vorbeiritt. „Ach“, sprach Hans ganz laut, „das Reiten ist doch etwas Schönes! Da sitzt einer wie auf einem Stuhl, stößt sich an keinem Stein, spart sich Schuhe und kommt schnell vorwärts!“ Der Reiter, der das gehört hatte, hielt an und rief: „Ei, Hans, warum läufst du auch zu Fuß?“ „Jch muss ja wohl“, antwortete er, „da muss ich einen Klumpen heimtragen; es ist zwar Gold, aber ich kann den Kopf dabei nicht gerade halten. Es drückt mit auf die Schulter.“ „Weißt du was“, sagte der Reiter, „wir wollen tauschen. Jch gebe dir mein Pferd und du gibst mir deinen Goldklumpen.“ „Von Herzen gern“, sprach Hans, „aber ich sage dir, mit dem Klumpen musst du schwer schleppen.“ Der Reiter stieg ab, nahm das Gold und half dem Hans hinauf, gab ihm die Zügel fest in die Hände und sprach: „Wenn es recht schnell gehen soll, so musst du mit der Zunge schnalzen und hopp hopp rufen.“

Unterstreiche die direkte Rede blau!

Unterstreiche den Begleitsatz rot!
Achte auf die Satzzeichen!

Füge die fehlenden Begleitsätze ein!

„Können Sie uns nicht einen Platz in Jhrem Haus geben, wo wir übernachten können?“,

______________ . Jn meinem Haus ist kein Platz. Alles belegt. Macht, dass ihr weiterkommt!“, ________

________________________________.

____

____

„Ach, lieber Mann, sehen Sie doch die Kinder an! Wo sollen wir denn hin? Wenn wir nur einen Winkel in Jhrem Schuppen hätten!“
„Nein, nein! Nichts da! Sucht Euch anderswo ein Unterkommen“,

________________________________.

Die Mutter weint und sagt:

bittet der Vater.

antwortet der Herbergsvater.

schreit der Bauer und schlägt die Türe zu.

Eine Rauferei

Till hatte mich am Ärmel gezupft Jch fragte ihn Was willst du denn Er rief mir leise zu Dem Jörg hängt das Taschentuch zur Hose heraus Da musste ich lachen Jörg hörte das und fragte Warum lacht ihr denn Till erwiderte Du mit deiner langen Nase brauchst nicht alles zu wissen Da gab ihm Jörg eine Ohrfeige und sagte Das ist für die lange Nase.

Unterstreiche die direkte Rede blau und den Begleitsatz rot!

Setze die fehlenden Satzzeichen!

Adverbiale Bestimmung des Ortes

Fragewort

Vater kommt müde nach ______________ .

Mutter bereitet in der __________ das Essen vor.

Hinter dem __________ schläft die Katze.

Der Vogel zwitschert im ____________ .

Die Maus verkriecht sich ins ______ .

Auf dem __________ dürfen die Schüler toben.

Der Ball traf mich ins ________________ .

An der nächsten __________ musst du abbiegen.

Jm _________ herrscht ohrenbetäubender Lärm.

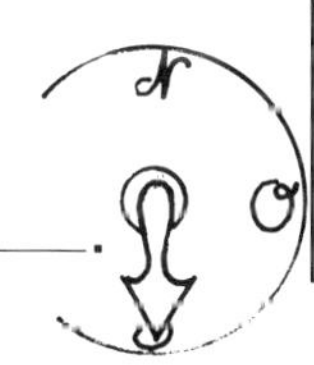

Jm Herbst fliegen die Vögel gen __________ .

Setze die fehlende adverbiale Bestimmung des Ortes ein!
Unterstreiche sie so: O________________O!

Schreibe das zutreffende Fragewort hinter den Satz!

Satzglieder, die auf die Frage **wo? wohin?** antworten, heißen adverbiale Bestimmung des Ortes (Umstandsbestimmung des Ortes).

Adverbiale Bestimmung der Zeit

	Fragewort
Seit Montag hat die Schule begonnen.	
Jn den Ferien fahren wir an die See.	
Wir schreiben morgen eine Mathematikarbeit.	
Bald bekomme ich ein neues Fahrrad.	
Früher fuhren Postkutschen statt Autos.	
Opa wechselt am Tag mehrmals seine Strümpfe.	
Einen Monat lang fahren wir mit der U-Bahn.	
Nach der Schule kommt Uta sofort nach Hause.	
Lutz geht viermal in der Woche Tennis spielen.	

Unterstreiche die adverbiale Bestimmung der Zeit so:
Z_______________Z!

Schreibe das zutreffende Fragewort hinter den Satz!

> Satzglieder, die auf die Frage **wann? wie lange? wie oft?** antworten, heißen adverbiale Bestimmung der Zeit (Umstandsbestimmung der Zeit).

Adverbiale Bestimmung der Art und Weise

Ein guter Schüler liest fließend fremde Texte.

Er spricht langsam Wort für Wort.

Evi erledigt schnell ihre Hausaufgaben.

Der Polizist geht nicht leichtfertig mit seiner Pistole um.

Mit Widerwillen isst das Baby den Spinat.

Opa raucht seine Pfeife mit Genuss.

Mit Begeisterung spiele ich Tennis.

Oma isst gern ein Stück Kuchen.

Ängstlich schleicht die Katze um die Ecke.

Hastig leert er sein Glas.

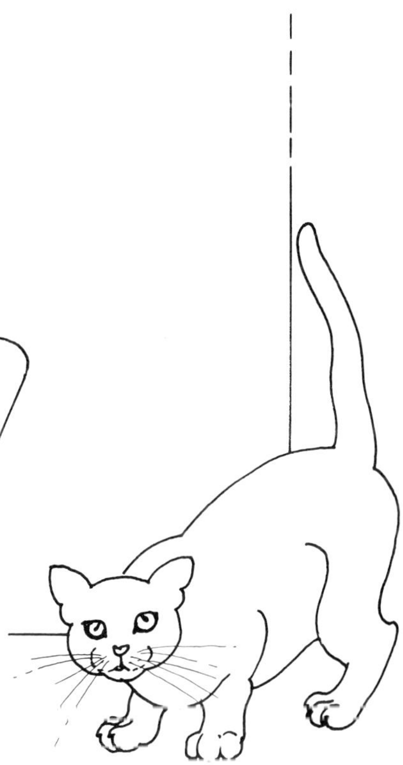

Unterstreiche die adverbiale Bestimmung der Art und Weise so:
A ________________ W!

Satzglieder, die auf die Frage **wie?** antworten, heißen adverbiale Bestimmung der Art und Weise (Umstandsbestimmung der Art und Weise).

Nur Mut!

Lutz und Sabine sind allein zu Hause. Sie freuen sich riesig auf diesen Abend.
Jm Fernsehen läuft ein spannender Western.
Beide sitzen gemütlich eine Weile auf dem Sofa.
Plötzlich springt Lutz erschrocken in die Höhe.
Aufgeregt gucken sich beide fragend an. Was war das für ein seltsames Geräusch? Woher kommt es? Mutig schaut Sabine sofort im Schlafzimmer nach.
Jm gleichen Augenblick hastet Lutz eilig in die Küche.
Jetzt hören sie deutlich ein Rascheln aus dem Keller.
Sie öffnen die Kellertür und tasten sich im Dunkeln Stufe für Stufe hinab.
Dort wird das Klopfen deutlicher.
Entschlossen öffnen sie die Tür zur Vorratskammer.
Was sehen sie?

Unterstreiche die verschiedenen adverbialen Bestimmungen so:
O__________O adverbiale Bestimmung des Ortes
Z__________Z adverbiale Bestimmung der Zeit
A__________W adverbiale Bestimmung der Art und Weise

Das zweigeteilte Verb

Schreibe so in dein Heft!
Unterstreiche beide Teile des Verbs rot!

Der Maler reißt die Tapete ab.

Er ______________________________.

______________________________.

______________________________.

______________________________.

______________________________.

Das zweigeteilte Verb steht hinter
dem Subjekt und am Satzende.

Jn der Autowerkstatt

Mein Bruder bringt sein Auto in die Werkstatt.
Dort soll es für den nächsten Winter geprüft werden.

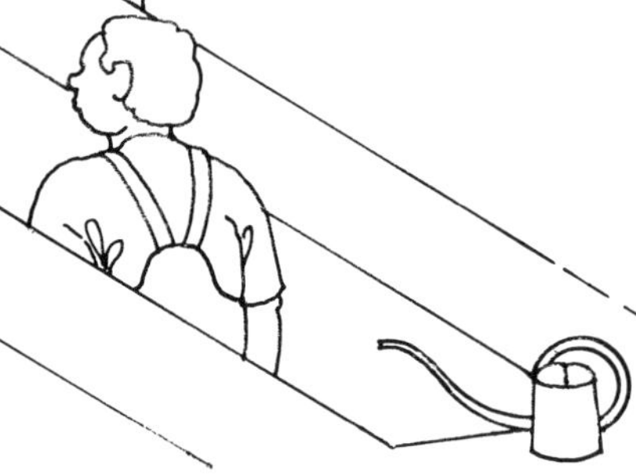

Was muss der Mechaniker tun?

Er fährt das Auto die Rampe hinauf.
Er stellt die Bremsen nach.
Er wechselt zwei Reifen aus.
Er füllt Frostschutzmittel ein.
Er schaut die Zündkerzen nach.
Er stellt die Scheinwerfer ein.
Er prüft den Öldruck nach.
Er ölt die Türschlösser ein.

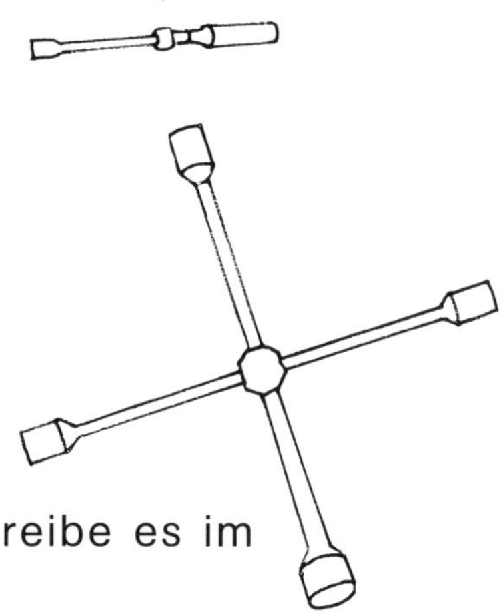

Unterstreiche das zweigeteilte Verb im Text und schreibe es im Jnfinitiv (Grundform) auf!

fährt hinauf – hinauffahren

____

____

____

____

____

____

____

Personalpronomen
Singular – Plural

Vater berichtet:

„Jch habe meine Cousine Else in Amerika besucht. Sie erinnerte sich meiner noch ganz genau. Sie zeigte mir Bilder aus meiner Kindheit. Sie bat mich, im nächsten Jahr wiederzukommen. Mein Bruder Olaf kam später nach."

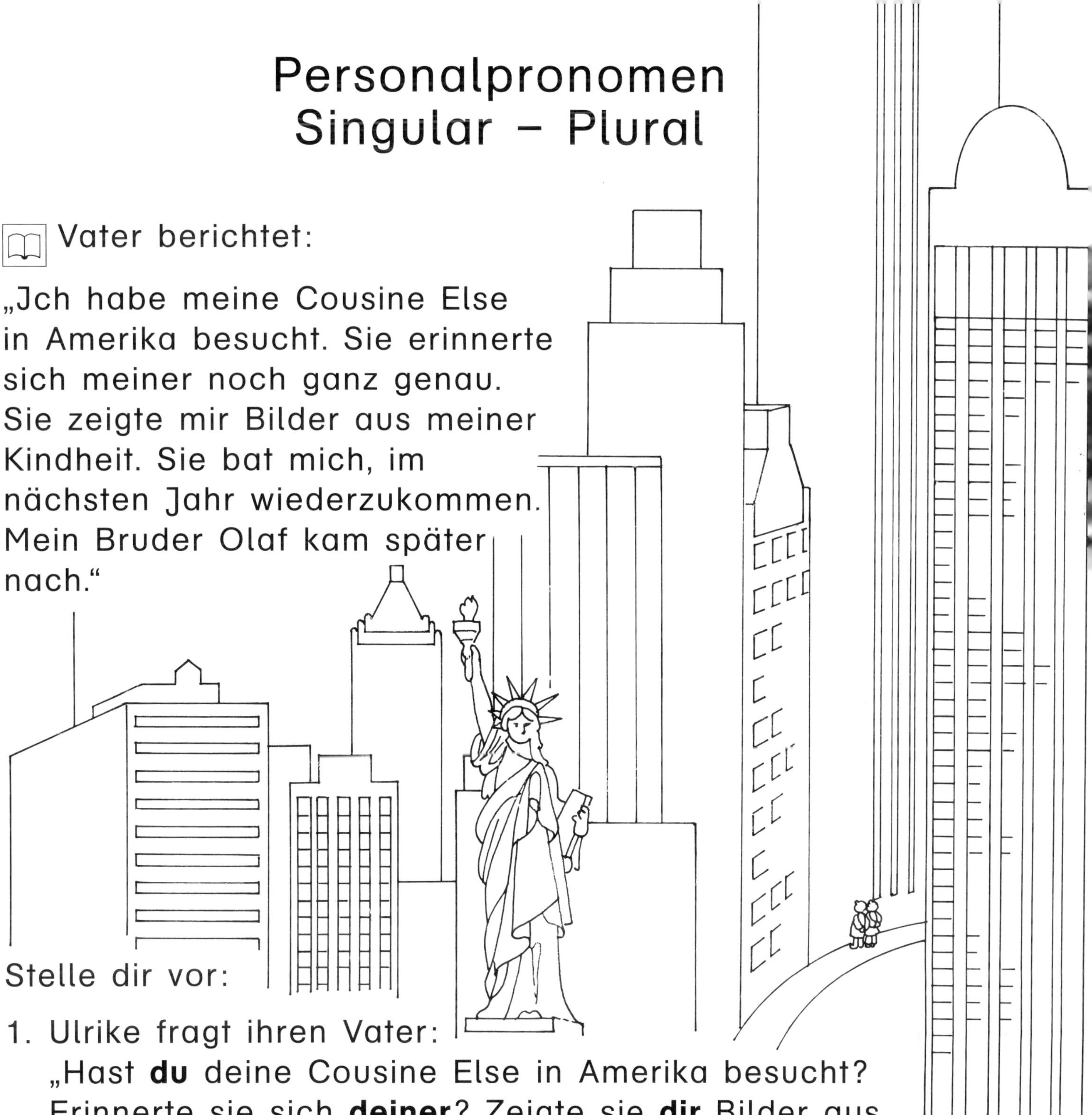

Stelle dir vor:

1. Ulrike fragt ihren Vater:
   „Hast **du** deine Cousine Else in Amerika besucht? Erinnerte sie sich **deiner**? Zeigte sie **dir** Bilder aus **deiner** Kindheit? Bat sie **dich**, im nächsten Jahr wiederzukommen?"

2. Ulrike fragt ihre Mutter:

   „Hat **er** seine Cousine Else ______________________________ ?

   ____ ?

   ____ ?

   ____ ?"

3. Vater und sein Bruder Olaf erzählen:
„**Wir** haben unsere Cousine ______________________ .

____ .

____ .

____ .

____ ."

4. Ulrike fragt ihren Vater und seinen Bruder:
„Habt **ihr** eure Cousine ______________________ ?

____ ?

____ ?

____ ?"

5. Ulrike erzählt ihrem Bruder Christian von Vater und seinem Bruder Olaf:
„**Sie** haben ihre Cousine ______________________ .

____ .

____ .

____ ."

Vollende die Sätze wie in Satz 1.
Unterstreiche die Personalpronomen (persönliche Fürwörter).

Jm Satz können Lebewesen oder Sachen durch die Personalpronomen (persönliche Fürwörter) **ich, du, er, sie, es, wir, ihr, sie** ersetzt werden.

Karin ist krank.

Heute Morgen fühlte sich Karin gar nicht gut. Sie klagte über Kopf- und Gliederschmerzen. Jhr Hals tat ihr weh. Mutter bestellte den Arzt. Er untersuchte sie. Er sprach:
„Gib ______ deine Hand! Wie geht es ______?
Zeige ______ deine Zunge! Lass ______ deinen Puls fühlen! Sieh ______ in die Augen! Mutter muss ______ Umschläge machen. Jch werde ______ Tabletten und etwas zum Gurgeln verschreiben! Jch will ______ nicht weh tun. Du musst ______ ruhig verhalten. Jch möchte ______ ganz untersuchen. Morgen werde ich ______ wieder besuchen. Lass es ______ gut gehen."

Setze die entsprechenden Personalpronomen ein!

Mutter berichtet dem Vater:
„Der Arzt ist da gewesen. Er hat ______ den Puls gefühlt und ______ gründlich untersucht. Er hat ______ Tabletten und etwas zum Gurgeln verschrieben. Er will ______ morgen wieder besuchen und nachsehen, wie es ______ geht. Jch habe ______ Umschläge gemacht. Seit einer Stunde schläft ______. Wecke ______ jetzt nicht auf! Später können wir ______ Gesellschaft leisten."

Setze die entsprechenden Personalpronomen ein!

Das Possessivpronomen im Singular

Anna erzählt Uli von ihrem Ranzen:

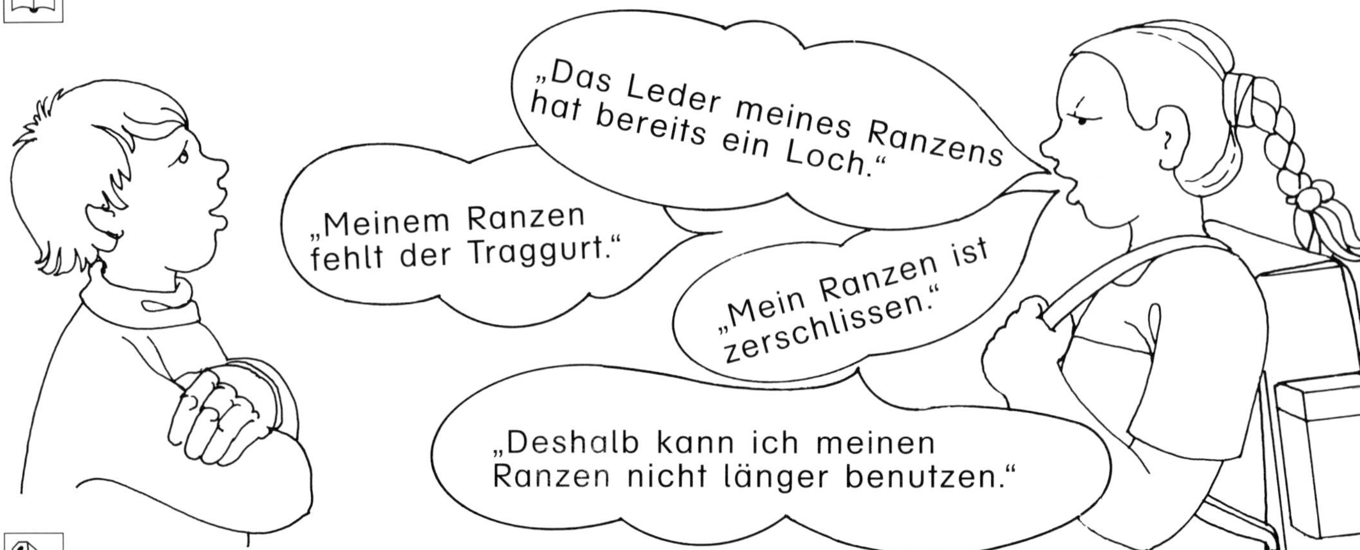

Unterstreiche die Possessivpronomen so . . .

Uli antwortet Anna:

„________ Ranzen ist ganz zerschlissen."

„Das Leder ________ Ranzens hat bereits ein Loch."

„________ Ranzen fehlt ein Traggurt."

„Deshalb kannst du ________ Ranzen nicht länger benutzen."

Uli erzählt seiner Mutter von Annas Ranzen:

„________ Ranzen ist ganz zerschlissen."

„Das Leder ________ Ranzens hat bereits ein Loch."

„________ Ranzen fehlt ein Traggurt."

„Deshalb kann sie ________ Ranzen nicht länger benutzen."

Setze die Possessivpronomen ein!

> Das Possessivpronomen (besitzanzeigendes Fürwort) erklärt immer die <u>Zugehörigkeit</u> einer Sache oder eines Lebewesens zu einem Nomen. Wem gehört was? – **mir, uns, ihnen**

Das Possessivpronomen im Plural

1. Beate und Andreas haben einen Hund bekommen. Sie erzählen Onkel Eduard:

„Unser Hund ist noch ganz verspielt.
Die Pfoten unseres Hundes erscheinen im Vergleich zum Körper ganz groß.
Es fällt unserem Hund noch schwer zu gehorchen.
Wir haben unseren Hund sehr gern."

Unterstreiche die Possessivpronomen so . . .

2. Onkel Eduard antwortet den Kindern:

„Euer Hund wird nicht immer so verspielt bleiben.
Die Pfoten ________ Hundes werden sich der Größe des Körpers anpassen.
Es dauert nicht mehr lange, dann fällt ________ Hund das Gehorchen nicht mehr so schwer.
Jhr werdet ________ Hund immer lieb haben."

3. Onkel Eduard erzählt Tante Lilly vom Hund der Kinder:
„Jhr Hund ist noch ganz verspielt. Die Pfoten ________ ________ sind noch ganz groß im Vergleich zum Körper. ________ ________ fällt das Gehorchen noch schwer. Sie haben ________ ________ sehr gern."

Ergänze die Possessivpronomen!
Schreibe alle Possessivpronomen mit dazugehörigen Nomen in dein Heft!

Das Demonstrativpronomen (hinweisendes Fürwort)

dieser diese dieses
nahe beim Sprecher

jener jene jenes
entfernt vom Sprecher

Dieses Buch ist ein Duden.
Jenes Buch ist ein Krimi.

_______ Teddy ist noch ganz neu.

_______ Teddy hat nur noch einen Arm.

_______ Auto ist ein Spielzeugauto.

_______ Auto ist ein ferngesteuertes Auto.

Setze das richtige Demonstrativpronomen ein!

Das Demonstrativpronomen (hinweisendes Fürwort) bezieht sich immer auf die Entfernung zwischen Sprecher und Gegenstand. **Dieser – diese – dieses** wird bei Gegenständen gebraucht, die nahe beim Sprecher liegen; **jener – jene – jenes**, die weiter entfernt vom Sprecher sind.

Die Präpositionen

Gib die Lage der Katze auf den 3 Bildern an:

1. Die Katze sitzt ____________ dem Stuhl.
2. Die Katze sitzt ____________ dem Ofen.
3. Die Katze sitzt ____________ der Fensterbank.

Schreibe auf, wie das Auto im Verhältnis zur Garage stehen kann:

1. ____ .
2. ____ .
3. ____ .

Schreibe auf, wie der Stuhl im Verhältnis zum Tisch stehen kann:

1. ____ .
2. ____ .
3. ____ .

Du kannst die Lage der Katze nur beschreiben, wenn du das Verhältnis zum Gegenstand betrachtest. Die Wörter **auf, hinter, neben, in, vor** heißen deshalb Verhältniswörter (Präpositionen).

Präpositionen mit dem Dativ

Der Dieb war ein Mann		schmalem Gesicht.
Morgens eilen die Leute		der Straßenbahn.
Der Unfall ereignete sich		Regenwetter.
		dem Essen Zähneputzen nicht vergessen.
Märchen erzählen		guten und bösen Figuren.
Hemden		Seide sind sehr teuer.

Trage die entsprechenden Präpositionen ein!
Auch hier hilft dir der Merksatz!

Aus, nach, zu, mit, bei, von
sind Präpositionen, die mit dem Dativ
(3. Fall – Wemfall) gebraucht werden.

Präpositionen mit dem Akkusativ

Die Flüchtlinge trauern		ihre verlorene Heimat.
Das Auto fuhr		einen unbeleuchteten Lastwagen.
Jn Südafrika leben viele Kinder		ausreichende Ernährung.
Die Katze schleicht		das Gebüsch.
Der Polizist sorgt		geregelten Verkehr.
		Frühstück geht Peter zur Schule.
Der Vogel fliegt		das geschlossene Fenster.

Trage die entsprechenden Präpositionen ein!
Auch hier hilft dir der Merksatz!

Durch, für, ohne, um, gegen sind Präpositionen, die mit dem Akkusativ (4. Fall – Wenfall) gebraucht werden.

Präpositionen mit Akkusativ oder Dativ

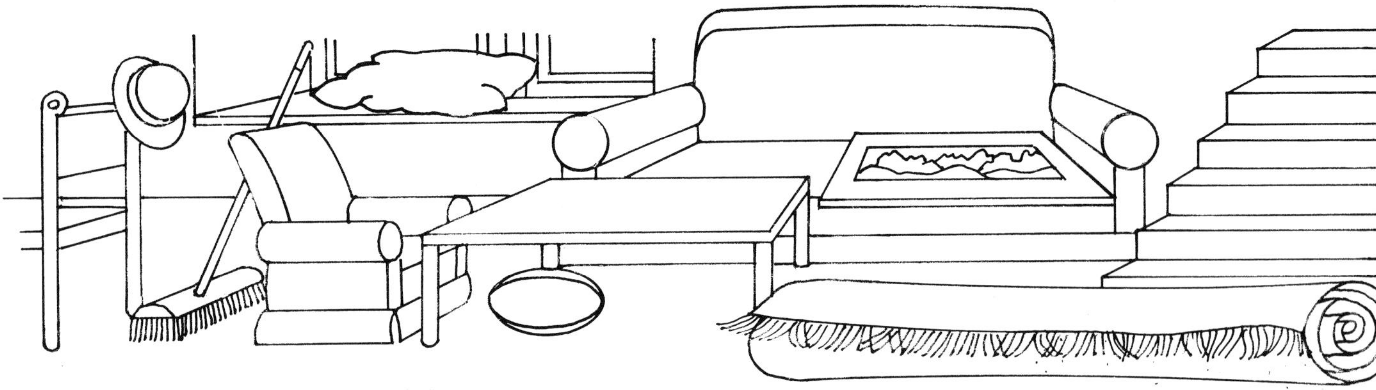

Die unordentliche Wohnung:	Die ordentliche Wohnung:
Der Besen steht hinter dem Sessel.	Wir stellen ihn ________ den Schrank.
Das Kissen liegt auf der Fensterbank.	Wir legen es ________ den Stuhl.
Die Lampe steht neben dem Backofen.	Wir stellen sie ________ den Tisch.
Der Hut hängt an dem Stuhl.	Wir hängen ihn ________ den Kleiderhaken.
Der Teller steht unter dem Tisch.	Wir stellen ihn ________ den Tisch.
Der Teppich liegt zusammengerollt vor der Treppe.	Wir legen ihn ________ den Tisch.
Das Bild liegt auf dem Sofa.	Wir hängen es ________ die Wand.
Der Kamm liegt neben der Butter.	Wir legen ihn ________ das Bad.
Die Gläser stehen auf dem Plattenspieler.	Wir stellen sie ________ die Spülmaschine.

Unterstreiche alle Präpositionen und setze die fehlenden ein!

An, auf, hinter, neben, in, über, unter, vor, zwischen sind Präpositionen, auf die entweder der Akkusativ oder der Dativ folgt.
Der Dativ steht auf die Frage: Wo?,
der Akkusativ auf die Frage: Wohin?

Aktiv (Tatform) – Passiv (Leideform)

Subjekt		Objekt
Der Junge	wirft	den Ball.

Subjekt		Objekt	
Der Ball	wird	vom Jungen	geworfen.

1. Der Junge wirft den Ball.

Frage: Wer wirft den Ball? Antwort: Der Junge

Hier **tut** das Subjekt (der Junge) etwas; der Satz steht im **Aktiv** (Tatform).

2. Der Ball wird vom Jungen geworfen.

Frage: Wer oder was wird vom Jungen geworfen?
Antwort: Der Ball

Hier **passiert** dem Subjekt (der Ball) etwas; der Satz steht im **Passiv** (Leideform).

Es fällt auf:
Das Subjekt aus aus Satz 1 wird im Satz 2 zum O________ .
Das Objekt aus Satz 1 wird im Satz 2 zum S________ .

	Aktiv	Passiv
Mutter ruft den Hund.	X	
Der Hund wird von Mutter gerufen.		X
Der Vogel sucht die Beeren.		
Der Hahn wird vom Fuchs gebissen.		
Die Zigarette wird vom Vater geraucht.		
Die Kinder singen ein Lied.		
Der Jndianer baut sein Kanu.		
Der Kuchen wird von meiner Tante gebacken.		
Der Frosch wird vom Storch genüsslich verzehrt.		
Michaela schreibt einen guten Aufsatz.		
Der Radfahrer schont die Umwelt.		

Bestimme Aktiv oder Passiv!

Setze die Sätze in die jeweils andere Form!